Esperanza

El porqué de mi vida…

Wenceslao García Zapatero

2

Esperanza

Derechos reservados 2018

Wenceslao García Zapatero

Editorial ADELA

escritoreslatinoamericanos@gmail.com

Impreso en USA

Producido por Editorial ADELA

Editor: Sonia M. Arias

escritoreslatinoamericanos@gmail.com

(661)468-0147

ISBN: 9781795381215

3

En cada amanecer hay un vivo poema de esperanza, y, al acostarnos,
pensemos que amanecerá

Noel Clarasó

Esperanza   *Wenceslao García Zapatero*

Dedicatoria

Este libro está dedicado a mis hijas, que son las esperanza y el porqué de mi vida.

Sin ellas mi vida estuviera vacía, pero gracias a su amor y dedicación me dieron fuerzas para sobrevivir en este valle de lágrimas

Gracias hijas mías, soy el padre más feliz del mundo.

Un saludo muy especial.

Esperanza   *Wenceslao García Zapatero*

Agradecimientos

Un saludo muy especial y mi eterno agradecimiento al Maestro Manuel Leyva, quien siempre me alentó llamándome El Declamador del Mundo.

Este libro nació de una inspiración en el amor de todo tipo, a mis hijas, a mis ex parejas y a la vida en general.

Es un homenaje a todos los poetas que con sus poemas me iluminaron para declamar.

He escogido algunos de los poemas clásicos más bellos que he declamado en el pasado y declamo en muchos de los lugares donde me presento para que como muestra de mi agradecimiento a estos poetas queden impresos en este libro.

También agradezco a la Asociaci´øn de Escritores Latinoamericanos ADELA a su editorial por haber hecho posible este sueño de publicar este libro.

Agradezco a su fundadora la señora Nelly Orona, su presidente Miriam Burbano, su secretaria Reyna Reyes, y sobre todo a Sonia Arias, mi editora y directora ejecutiva de ADELA por todo su apoyo y por haberme alentado a terminar Esperanza.

A todos muchas gracias..

Esperanza   *Wenceslao García Zapatero*

9

Acerca del autor

Wenceslao García Zapatero nació en Perú, llegó a los Estados Unidos, en el mes de setiembre de 1968.

Inició su trayectoria como declamador junto a su madre, quien era pianista y siempre acompañaba a su hijo al piano cuando él declamaba.

Cuando su madre tenía alguna reunión con familiares y amistdes en su casa le pedía a Wenceslao que declamara alguno de sus poemas favoritos, y ella se sentaba al piano para acompañarlo.

Wenceslao, conocido tambien como Benzi, tiene algunos poemas de su autoría, "A mis hijas", "A mi madre", "Ta viejo mi padre", "Mi primer amor".

Wenceslao completó sus estudios de Administración de Empresas en la Universidad Estatal de Long Beach pero nunca ejerció.

Obtuvo su licencia en el campo de los bienes raíces y se dedicó al negocio de compra y venta de propiedades, carrera que ejerce hasta el día de hoy.

Además de su carrera en el negocio de propiedades, y su afición a la poesía, Wenceslao es amante de los deportes y ha practicado el fútbol, karate y el boxeo.

Tiene cinco hijos, Wenceslao Jr. , Rosie, Luis, Roxanne y Bexy. Ha participado en ferias y recitales de poesía en diferentes oportunidades, como la feria de Pomona, Anymex, Sipea de Perú, Puebla, Sihuatanejo, Club Perú de Miami, Club Perú de Chicago, eventos organizados por ADELA y SICA y en otros festivales de poesías locales en Los Angeles.

Al momento de escribir su primer poemario Esperanza, Wenceslao es el Vice Presidente de la Asociación de Escritores Latinoamericanos ADELA, con sede en Los Angeles, California.

Esperanza   *Wenceslao García Zapatero*

Indice

Esperanza *Wenceslao García Zapatero*

Prólogo

He tenido el privilegio de editar y presentar a ustedes el poemario Esperanza de Wenceslao García Zapatero.

Wenceslao es un declamador genial que hace que la audiencia se conmueva, cuando él declama en los eventos que he asistido.

Los aplausos no se hacen esperar y ahora también lo he llegado a conocer como un excelente escritor que expresa sus sentimientos a través de sus poemas hasta hoy inéditos.

Su trabajo se caracteriza por su realismo y profundidad de pensamiento donde quedan expuestos los sentimientos del amor en todas las etapas y de todo tipo.

García Zapatero, escribe en lenguaje sencillo y a la vez en sus poemas menciona acontecimientos complejos y controversiales como lo son la infidelidad de pareja y la ansiedad que sufren tanto el hombre como la mujer cuando una relación termina.

Sus poemas pueden ser disfrutados por hombres y mujeres desde la edad de la adolescencia hasta la ancianidad.

Esperamos que los lectores de Esperanza disfruten este poemario al máximo y saboreen cada uno de los versos y prosas que se encuentran en esta obra.

Finalmente como editora de Esperanza, quiero felicitar sinceramente a Wenceslao por su manera de expresar sus sentimientos y hacer a sus lectores identificarse con sus propias historias y quedar atrapados en la lectura de estos poemas como si estuvieran viviendo sus propias experiencias al leerlos.

Prefacio

Esperanza es un libro que dedico a mis hijas, porque el día de mañana cuando ya yo no esté en este mundo y mis memorias se vayan borrando a través de las generaciones, mis nietos y bisnietos podrán leer mis poemas que perdurarán en cierta manera mis memorias.

Esperanza, es mi primer poemario publicado, dejo plasmados mis sentimientos más íntimos, muchas veces desnudando mi alma y recordando hechos dolorosos que me hacen revivir momentos difíciles.

El libro se divide en dos secciones, mis poemas originales, y los poemas que he declamado varias veces durante mi vida.

Siempre escribí mis poemas en papel y muchas veces con letra desordenada, simplemente desahogando mi alma en momentos de frustración por alguna relación perdida u en momentos de melancolía.

En mi poemario el lector encontrará diferentes tipos de poemas, los hay de amor, de desamor, de un padre, de un hijo a su madre y hasta poemas a mi querida patria Perú.

Espero lo disfruten y usen mis poemas para enviárselos a otros que les guste la poesía.

Esperanza

Esperanza de ver crecer
a mis hijas, en un mundo nuevo
creciendo sobre pétalos de rosas
imaginando un futuro,
lleno de alegría

Viéndolas felices, radiantes
en un universo de muchas emociones,
con una energía inexplicable y trascendental

Danzando sobre sus venas
el mensaje de la felicidad
rodeadas de sus hijos
venerando su apocalipsis
puro y santo

Hijas mías
Ustedes son la esperanza
y el por qué de mi vida
sigan el camino bueno
honesto y que nunca cambien

Y no se olviden
que en algún rincón del cielo
un padre que las adora,
estará mirándolas sonreir

Esperanza   *Wenceslao García Zapatero*

"El optimismo es la fe que conduce al logro. No se puede hacer nada sin esperanza ni confianza". **Helen Keller**

Si yo tuviera alas...

Si yo tuviera alas
volaría al cielo
volaría al cielo para decirle
a mi santa madre que nunca la olvidé

Decía mi madre, cuando yo era un niño
ahora me extrañas si yo no estoy
lloras por mi, me das cariño
y me acompañas por donde voy

Pero mañana, cuando te crezcan alas
con esas alas me dejarás
dejando todo te irás con ellas
y poco a poco me olvidarás

No tendrás tiempo de visitarme
otros deberes haz de cumplir
y aunque no quieras pequeño mío
tu más que nadie...
me harás sufrir

Pero no llores pequeño mío
que aunque esté muerta
te he de querer
tu serás siempre mi dicha y pena
es el destino de una mujer

Si yo tuviera alas
volaría hoy al cielo
para decirle a mi santa madre
que tenía razón

Esperanza   *Wenceslao García Zapatero*

Apenas me crecieron las alas
por una hembra
la abandoné
con la ilusión de aquellos años
rumbo a la vida me aventuré

Volar quería y batí mis alas
y una casita también compré
nuevos amores hubo en mi vida
pero a mi madre, nunca olvidé

Cómo me duele no haberle dicho
que eternamente, la adoraré
que será siempre mi linda reina
la misma reina de mi niñez

No habrá cariño sobre la tierra
que me la arranque del corazón
porque se quiere de mil maneras
pero como a una madre
tan solo a Dios

Si yo tuviera alas volara
al cielo mismo para hoy decirle
a mi santa madre, perdón, perdón!!

Esperanza   *Wenceslao García Zapatero*

Huellas

Dibujé ansioso y con amorosa mano
tu nombre y el mío
sobre la arena del mar

Donde nuestras huellas
quedaron plasmadas
al mismo nivel
sobre la arena de oro
de este bello mar

El cielo puro y claro
fue testigo de tus besos y mi amor
la brisa de la tarde
secó la arena

Y el romper de las olas
el cielo puro y claro,
fue testigo de tus besos y mi amor

Y la brisa nuevamente
secó la arena
y acompañada del suave viento,
nuestros nombres se llevó

Decepcionado he visto
borrarse una a una
las letras que tu mano dibujó

                    Wenceslao García Zapatero

Y como una carcajada burlona,
rompen nuevamente,
las olas sobre la arena
que ironía para tanta pasión

Difícil es querer
sin poderlo decir
mi mente no puede asimilar
porque tanto desdén

Es querer y adorar un angel
que solo sabe oir
la realidad nos trae
una fuerte desilución

Algo que agobia
nuestra fe dando muerte al amor
vagando nuevamente por la playa
donde grabé tu nombre y el mío

Mi único pensamiento
tu representas las olas
y yo las playas del mar

Vueln las olas y nuevamente
brotan en la alrena
tus huellas junto a nuestros nombres
porque este amor es tan fuerte
que no morir´jamás

Y en el libro de mi vida
grabadas por siempre
nuestras huellas quedarán
unidas en el sentimiento
de un solo amor

Esperanza   *Wenceslao García Zapatero*

Magia del amor

Cada sueño tiene un secreto
y cada corazón una ilusión
abrí mis alas y aprendí a volar

A volar en un mundo
de sueños y magia
en el cual descubrí
la magia de tu amor

La magia de tus besos que
me hacen sentir enamorado
la magia de tus abrazos
al sentir los latidos
de tu corazón junto al mío

La magia que hace de ti
mi guapa esposa
los caminos de la vida
me guiaron hacia ti

No temo el tiempo
porque existen luces
que no se apagan
y caminos que conducen
a un mundo lleno
de magia y amor

Los cuales son guiados
por un Ser Supremo
y cada corazón tiene un sueño
igual que un secreto

Esperanza   *Wenceslao García Zapatero*

Un sueño envuelto
en la magia
de su propio amor
juntos caminaremos
por la vida
llenos de sueños de magia
en los cuales
el protagonista eres tu

Yo solo abrí mis alas
para volar hacia ti
y entregarte mi sueño,
mi más bello secreto
de amor para ti

Y esto es vida,
llamada magia de amor

Esperanza   *Wenceslao García Zapatero*

Amor prohibido

Somos de esos amores
prohibidos que solo
se pueden amar
a escondidas

Deseo tenerte
y no te tengo
y pasa un día y otro día
y me es imposible
soportar tu ausencia

Mi esperanza de verte
se marchita poco a poco
y con tristeza reconozco
somos de esos amores
que solo se saben amar en silencio

Son como tempestades sin viento
y mar sin olas
no nos engañemos
somos como aquel
licor sagrado, imposible de beber

Déjame llorar a orillas del mar
este amor imposible
si me quieres bien
no me hagas mal
aléjate en silencio

Esperanza　　　　　　*Wenceslao García Zapatero*

Aunque tenga el corazón marchito
te diré con profunda tristeza
que se irán las noches de luna
y con ellas tu dulce amor

Te tengo y a la vez no tengo nada
no me pongas dudas
ni quieras culpar la noche
porque es tan corto el placer y
tan largo el pesar

Hoy tus deseos son cumplidos
tú te vas de mi vida
y mis dias de alegria terminan
con tu partida

El sol muriendo está
con el atardecer
y mi amor junto a él
más aun si por amarte
esperaba las interminables noches

Hoy con profunda tristeza
te digo, déjame llorar
a las orillas del mar
la partida de mi dulce
amor prohibido

Esperanza   *Wenceslao García Zapatero*

Vida

Solo sé que está vida
me envuelve como un torbellino
y bajo los débiles latidos
de un corazón moribundo

Latidos que luchando prosiguen
porque mientras haya vida
hay recuerdos
y quiero llenar mis pensamientos
de tu cálida y linda voz

Y así suspirando
con mi alma confundida
miro el horizonte
a través de tus lindos ojos

Y al nublar mis pupilas
pensaré mientras pueda
y sentiré dos almas
y el aire en mi regazo
llevando un soplo de vida

Deseo llenar mis pensamientos
de ti, de tu dulce mirar
arrancando de mi pecho los temores
así bajo este cielo azul
y frente al río humilde y manso

Veré a través de tus ojos
y sentiré nuevamente
los latidos
de un corazón vencedor

Esperanza   *Wenceslao García Zapatero*

"Ama la vida que tienes para poder vivir la vida que amas"

Hussein Nishah

A mi manera

Porqué quieres que repita
lo que siempre te he dicho
en verdad, no sé,
estoy confundido

No es amor
es más que eso
es algo que me hace mal
eso si lo sé…

Lo que más queremos
no deseamos dañarlo
pero es a aquellos
a quienes amamos
a los que más mal hacemos

No sé porqué
pero tengo tanto amor
que el corazón
me queda chico
pero me falta más amor
que recibir
y en verdad,
no entiendo eso

No pretendo esconder
ni esconderlo he podido
lo que siento por ti
es atracción, pasión,
locura, deseo
es casi casi amor,
un extraño sentimiento

Esperanza   *Wenceslao García Zapatero*

Una enorme admiración
y un profundo respeto
aunque lo creas o no
lo que aquí estoy diciendo
solo puedo agregar
que ni yo me lo creo

La gracia tuya ha sido
robar mi corazón
y yo haber permitido
ese injusto castigo
de prohibirme soñar
sin incluirte en mis sueños

No me quieras despertar
y a la vez tenerme durmiendo
pon atención a ésto
no me ames como tu amas
quiéreme como yo te quiero

Sigue mi propio consejo
pues para mi es muy difícil
quererte como tu quieres
si no lo haces así, déjame quererte
como yo lo sé hacer, a mi manera

Esperanza   *Wenceslao García Zapatero*

La experiencia y el tiempo

Los años de la madurez
me han caído de golpe
como la lluvia en verano
camino por las calles
hecho un valiente a destiempo

No considero en mis cálculos
ni a la humedad ni a la tristeza
tampoco a la luz que irradia el sol

Si no fuera porque
a los amores viejos
el tiempo los baña con luz
todo mi inútil sacrificio
brillaría como un astro doliente

El amor en estas condiciones
es un vacilante claroscuro
una historia que es y no es
que se arruga, que se ahueca

Que se tiñe de blanco
que se llena de negro
que recoge sus pasos
en su lecho de enfermo

Te he amado
contra todo pronóstico
contra el tiempo y sus tempestades
A pesar de ti y de mi
a pesar de ambos
a cuenta de nosotros

Esperanza   *Wenceslao García Zapatero*

La experiencia no tiene valor ético alguno, es simplemente el
nombre que le damos a nuestros errores.
Oscar Wilde

Crecer en mente, cuerpo y alma

El diario caminar por la vida
y aprender cosas nuevas
al lado de un ser maravilloso
te inspira a superarte
en todos los aspectos
principalmente como persona

Jamás te dejes vencer
porque al final del camino
siempre habrá una luz
encendida pra ti
sigue con esfuerzo y dedicación

Esas metas que has planeado
en tu vida futura
visualízalas una a una
porque al final
serán tus grandes logros

Verás con satisfacción
tus metas realizadas
con tu brillante esfuerzo y dedicación
porque ellas forjarán
tu brillante futuro

Esperanza   *Wenceslao García Zapatero*

Donde está el alma? El alma está en el cerebro
Eduardo Punset

Pasión

Se me va de'ntre los dedos
la caricia deseada
porque estoy tan solo
como lo está la montaña

Entre el largo desierto
y el mar que la baña
dormiré un sueño tan largo
que ni tus besos me harán despertar

Que mundo llevo dentro de mi
me parece que nada nuevo
hay bajo este candente sol
se estremece mi carne
y un temor crece entre mis manos

Se apodera de mi
y una vez más estoy aquí
de pie frente al mundo
con mi corazón triste y desorientado
a lo lejos te veo venir
llegas a mi, con tu voz
suave y cálida

Me pregunto
donde quedó el espíritu
de aquella bella mujer
quien hoy vagamente
menciona mi nombre

Pero con tu regreso
vuelven tus caricias
que un día con pasión
estremecieron mi cuerpo

Esperanza   *Wenceslao García Zapatero*

Mi corazón se alegra
ya no estaré solo
tomas mi vida y te lo permito
porque soy lo que has hecho de mi

Sujetas nuevamente mis manos
entre las tuyas
revives mi destrozado corazón
dibujando en mi la llama de tu amor

Si quieres besarme
bésame con pasión
yo compartiré tus deseos
te abrazaré fuertemente
te besaré tan dulcemente
que te partiré el corazón

Esperanza   *Wenceslao García Zapatero*

Tierra de mis amores

Te nombro en mis días de silencio
bajo el cielo azul
quién testido es de mi patria

Deseo con fervor pisar
tu húmedo suelo
cantar en tus verdes campos
los que tanto añoro

Quiero mirarme un día
entre tus maizales
sembrados con esperanza y sudor
ese sudor de hombres fuertes
que labran la tierra con amor

Esa tierra de la cual brota
la semilla que alimenta las bocas
de las familias de esa tierra mía
tan cerca y tan lejana de mi corazón

Cómo olvidar el tañir de las campanas
que día a día hacían latir mi corazón
recordar el sonido de los días lluviosos
acompañados del bello ventarrón

Y ese intenso frío
de los que campos
que penetran muy adentro
y al sentirlo hasta los huesos
me hacía sentirme vivo

Esperanza   *Wenceslao García Zapatero*

Añoro caminar por tus amplias calles
llenas de recuerdos y de amigos
esos amigos que me brindaban
su mano sincera

Ver tus balcones y recordar
aquel primer amor
ese amor de juventud
y el canto dulce
de un inocente corazón

Le declaraba mi amor
en las noches de luna llena
en el regazo de mi tierra querida
de la orgullosa tierra
que me vió nacer

Decir con gallardía
que guardo de esta tierra
mi mas gentil
y grato pensamiento

Con orgullo y placer
gritarlo a cuatro vientos
que no hay cielo ni tiera
mas bonitos que
los de la tierra de mi corazón

Esperanza   *Wenceslao García Zapatero*

A mi madre

Mi madre,
como todas las madres
tenía las manos casi santas
lucía en la frente
un beso lindo
que le dábamos sus hijos con cariño

Cada mañana,
como todas las madres
hacendosa y pura como el agua
buscaba mil tesoros para mi
los más lindos de su alma

Yo era un niño y la quería
y nada hablaba más hermoso
que su cara
no había más ternura que
aquellos ojos que decían mil palabras

Nada había más hermoso
que su bondad
mi madre era el silencio suave
tan suave, tan frágil
que parecía un beso

Yo era su hijo al cual amaba
reíamos juntos y bailábamos
plantando rosas me decía
hijo mío serás un gran poeta

Esperanza   *Wenceslao García Zapatero*

Ahí se ponía triste y me abrazaba
yo era su niño y no entendía su tristeza
aquella tristeza que le daba
por el crecer de la vida

Mi madre como todas las madres
trabajaba mucho
trabajaba en casa
cocinaba, limpiaba
en el invierno crudo y en el tibio

Me contaba las historias de dragones
y los valientes príncipes
mientras pasaban las horas y los días
y a la hora de acostarme
esperaba que yo durmiera
antes de irse

Mi madre como todas las madres
nunca quiso que me fuera de su lado
discutía duro con mi padre
y mi padre riendo era mi alíado

Mi madre, mi inolvidable madre
me dejó como herencia sus razones
éstas que recito día a día
y los consejos que tarde a tarde
les repito a mis hijas

Nunca mientan, ni engañen
y vayan por la vida con paso firme
intentando ser honestas
pues vale más la paz de la conciencia
que por temor decir una mentira

Esperanza   *Wenceslao García Zapatero*

Mi madre como todas las madres
sufrió y penó por mi bien
y yo como todos los hijos
entendía muy poco sus consejos

Hoy ella ya no está,
se ha ido, se la llevaron
pero su recuerdo queda vivo
mi madre como todas las madres
es el tesoro más lindo que he tenido

Esperanza   *Wenceslao García Zapatero*

Una madre perdona siempre, ha venido al mundo para eso.
Alejandro Dumas

Señora bonita

Señora, recuerda aquella noche
que llovía mucho
y yo estaba en la barra
de una discoteca relajándome

Esa noche hacía frío
señora usted se acercó a mi
con un vaso de vino
y con un permiso
se sentó a mi mesa

Se acuerda señora?
que con una tenue voz me dijo
porqué tan solo?
en una noche tan bella

Yo le acepté la copa
y brindamos una y otra
no me acuerdo cuantas
cuando me di cuenta

Estábamos en su alcoba
haciendo el amor
como dos jovencitos
volábamos por las nubes
como dos loquitos

Lo recuerda señora?
ó yo se lo repito
porqué me sigue persiguiendo
buscando otra noche de amor
con un hombre prohibido

No se ofenda señora
esa noche fue inolvidable para mi
nunca nadie me calentó
como usted lo hizo

Pero aquella noche
yo puse las cartas sobre la mesa
y le dije,
yo tengo un compromiso

Soy un hombre casado y
aunque mi mujer no vivie conmigo
y usted estuvo de acuerdo
que con un solo beso
selláramos nuestros pacto divino

Porque me sigue llamando
poniéndome contra la pared
lo nuestro fue una llamarada
por favor señora bonita
no me llame más
se lo suplico!

Esperanza   *Wenceslao García Zapatero*

Dicen que te has ido lejos

Dicen que te has ido lejos
que vas huyendo de mi
dicen que te has atrevido
a decir que te ofendí

Solamente tu sabes
que el error que cometí
fue el haber confiado en ti
sin conocerte muy bien

Dicen que se ve en tus ojos
la tristeza cada día
y dicen que no hay un momento
que no extrañes mi alegría

Sabes que jugaste todo
sin pensar que perderías
aunque trates de olvidarme
yo pienso que no podrías

Dicen que siempre
piensas en mi
eso no lo sabe la gente
nunca pensaste
que te dolería tanto

Sabes que
entre todos
fui el mejor amante
que tuviste

Esperanza   *Wenceslao García Zapatero*

Dicen que andas de aventuras
que a la fe le das la espalda
que vas a paso ligero
y que ya nada te espanta

Tantas noches compartidas
y mis besos
ahora extrañas
la soledad hoy te mata
por la noche cuando vagas

Tú hoy vas por un camino
diferente al mío
dicen que quisieras verme
para darme explicaciones

Con un rosario de excusas
de las mejores que inventas
te entregué toda mi vida
pero hoy ambos caminamos
por caminos diferentes

Tú nunca pensaste
que me extrañarías tanto
y ahora que ya es muy tarde
quiero que te lleve el diablo

Esperanza   *Wenceslao García Zapatero*

El fantasma que se fue

Yo no quiero que nadie
a mi me diga
que de tu dulce vida
ya me sacaste

Mi corazón
un poco de
compasión pide
para poder palpitar

Yo no quiero
que nadie se imagine
como es de triste
y honda mi soledad

En mis largas noches
cada minuto es una eternidad.
cada tic tac es un dolor
en la oscura sombra de mi pieza

Al creer que un día volverá
a veces me parece
que las manecillas del reloj
se detienen y no andan más

Y yo esperando que se muevan
a veces me parece
que tocan la puerta
abro y nadie en el umbral está

Es un fantasma que crea
mi ilusión y mi ansiedad
y va dejando cenizas
en mi triste caminar

Esperanza   *Wenceslao García Zapatero*

En la blanca esfera del reloj
las horas se niegan a pasar
parece que se burlarán de mi
mientras van diciendo

Ella nunca volverá
ella ya te olvidó
sólo te quedaste
y ya nunca la verás

Es un fantasma
en tu mente
un fantasma que en silencio
un día desaparecerá

Esperanza   *Wenceslao García Zapatero*

Jamás golpées a tu hijo

Golpear a un hijo
es un acto
tan irracional y cobarte
que debería avergonzar
al ser humano

Golpear a un hijo es caer
en el peor de los abusos
es imponerle la ley
del más fuerte
a una indefensa criaturita

Golpear a un hijo
es un acto salvaje
indigno de un hombre
es enseñarle que agredir
al prójimo es normal

Es formar un futuro padre
o esposo violento
golpear a un hijo
es adoptar la conducta del matón
que consigue lo que quiere a golpes
y su razón es la fuerza

Golpear a un hijo es aceptar
que no estamos capacitados
para ser padres
ni merecemos serlo

Si anhelas un mundo de paz
jamas golpées a tu hijo
comienza cuidando
su integridad fisica y moral

Esperanza   *Wenceslao García Zapatero*

Cultiva su disciplina
forma su carácter
con mayor razón
hazlo fuerte y valiente
pero no agresivo

Aprenderá mejor con tu ejemplo
no hagas que tiemble de miedo
ante tu sola presencia
cada vez que cometa un error

Recuerda que recién
está empezando a vivir
y que tú también tuviste esa edad
sé justo con tu juicio

Corrígelo con amor
la sanción moral
aunque no lo parece
es más efectiva

Despierta sus
nobles sentimientos
y desarrolla sus valores
asi no tendrás que castigarlo

Cada vez que te sea posible
trátalo con ternura
y demuéstrale con caricias
lo mucho que lo quieres
y lo que siempre lo has querido

Esperanza　　　　　　　*Wenceslao García Zapatero*

Recuerdos

El poema que ahora declamo
un recuerdo me tráe
el de ese tiempo
en el que fui feliz

El recuerdo renace
en el pecho doliente
por tu infiel corazón

Esto pasó
en Los Angeles California
y desde entonces
mi pecho amante
no tiene un instante de paz

Mi fiel corazón
de tu encanto se prendió
y el tuyo sin recato alguno
cruelmente un día lo destrozó

El poema que ahora declamo
un recuerdo
muy ingrato me dejó
te fuiste buscando
un mundo mejor

Lo único que encontraste
fue desengaños mentiras
y nada de amor
y hoy que quieres a mi volver

Esperanza   *Wenceslao García Zapatero*

Las puertas cerradas están, hoy
ya no vuelvas
quédate por allá
que aquí nada encontrarás

Adios mujer
te deseo mucha suerte
quizás algún día
encuentres una nueva relación

Esperanza   *Wenceslao García Zapatero*

Gracias

Ya encontré el amor que buscaba
no mas soledad
ya tengo un nuevo camino
el camino que anhelaba

Ya no habrán más
noches de sufrimiento
de soledad
ya no habrán más noches frías

Bajo la tempestad
ya no se como
pude soportarte soledad,
hoy estoy contento

Nunca nunca mas soledad
nunca nunca más noches
negras y tristes

Griacias a la vida
por pagarme lo que me debe
ahora mi vida es otra,
dime vida porque
fuiste tan cruel

Porque me hiciste sufrir tanto
porque esperaste tanto
para darme la felicidad
me hiciste esperar mucho tiempo
pero hoy puedo decir
gracias vida!

Esperanza

Wenceslao García Zapatero

El secreto de la existencia humana no solo está en vivir sino en saber vivir la vida en compañía de alguien
Autor desconocido

Poemas clásicos

declamados por:

Wenceslao García Zapatero

Esperanza   *Wenceslao García Zapatero*

Mi testamento

Aqui está mi testamento,
no vaya a ser que de urgencia
me vaya de esta querencia
y alguien quede a los lamentos

No dejo mucho lo siento
porque mucho no guardé
al punto detallaré
mis debes y mis haberes
obviedades, menesteres,
cosas que les dejaré

Canciones, bueno canciones,
a lo largo y a lo ancho
nacidas en algun rancho
a orillas de los fogones
de esas le dejo a montones
para que las llevaré

Alguno las va a cuidar
o cumplirán el destino
de rodar por los caminos
nacieron para rodar

Dejo una huella marcada,
llena de equivocaciones
tambien les dejo a montones
un puñado de madrugadas

Muchas noches malgastadas
en largas conversaciones
parva de tribulaciones
sin hallar el rumbo fijo
y un camino desprolijo
cubierto de tentaciones....

Esperanza   *Wenceslao García Zapatero*

Una agenda sin sentido,
con apuntes días, fechas,
citas que fueron mal hechas
y otras que mejor olvido

Reuniones que no he tenido
pagos que nunca me hicieron
amigos que ya se fueron
y que nunca volverán

Y amigos que aun están
pero que nunca vinieron
les dejo un cielo estrellado
pájaros sueltos cantores,
del campo sencillas flores
de esas que nunca he cortado

Les dejo un sueño olvidado
que nunca pude cumplir
versos que no he de escribir,
melodías inconclusas
y alguna frase difusa..
que nunca pude decir

Pienso que no debería quedar
ni un rastro ninguno,
llevarse todo con uno
de lo que tuvo o tenía,

Para no entrar en la porfía
de pelear por pertenencias,
es tan corta la existencia,
tan larga la eternidad
si todo se queda acá,
de qué sirve la exigencia...

Esperanza   *Wenceslao García Zapatero*

Dejo triunfos y fracasos,
más perdidas que ganancias
batallas mal batalladas,
derrotas a campo raso

Horarios con malos pasos
ó con malas compañias..
noches llenas de poesías,
palabras mal hilvanadas,
copas de vino apuradas,
y vinos con alegrías

Un libro sin empezar,
hojas en blanco sin nada,
amarillas y gastadas
tal vez de tanto esperar

Un disco sin escuchar,
una vieja lapicera
un Cristo que a mi manera
lo tuve sin darme cuenta,
ó que alguien compró en la venta
en una feria cualquiera

Por si alguno se hace cargo
les dejo mis ambiciones,
esperanzas e ilusiones,
que me pasaron de largo

Nunca fueron sin embargo
motivo de mis desvelos,
si algun día fueron mi anhelo
no me quitaron el sueño,
nunca puse mucho empeño
en querer ganar el cielo

Esperanza   *Wenceslao García Zapatero*

El testamento testado
ya ven que vale muy poco,
son las locuras de un loco
que en su locura ha logrado

Que el mundo despedazado
que encontró cuando nació
como estaba lo dejó,
es decir hecho pedazos,
y yendo rumbo al ocaso
poco daño le causó

Sin mucho que repartir,
mejor dicho casi nada.
dejo soles y alboradas
por si las quieren vivir

Cuando me toque partir
que sea con poca pena,
total mi vida fue plena
a pesar del desacierto,
cuando zarpe hacia ese puerto
la mar estará serena.

Pa'l que llegó desprovisto,
desprovista es la partida,
no voy a ocultar heridas,
esas que todos me han visto

A partir no me resisto
será cuando deba ser,
muy poco se puede hacer
cuando la parca te llega,
uno a sus brazos se entrega,
a fin de cuentas es mujer

Esperanza   *Wenceslao García Zapatero*

Mi guitarra, mi guitarra pobrecita
salvo que haya una excepción,
quedará en algun rincón
solitaria, calladita

Ella acompañó mis cuitas,
fué mi colegio y mi guía,
fue mi libro y mi poesía,
mi principio y mi final,
y a mi vida terrenal,
la llenó de melodías.

De lejos muchos me vieron,
y sacaron conclusiones,
escucharon mis canciones
pero no me conocieron,

Los que cerca me tuvieron,
supieron de mis flaquezas
mis miserias, mis riquezas,
mis sueños, cavilaciones
mis dudas, mis tentaciones,
y de mi pobre cabeza.

Y aquí esta mi testamento,
no vaya a ser que de urgencia
me vaya de esta querencia
y alguien quede a los lamentos

No dejo mucho lo siento
porque mucho no guardé
al punto les detallé,
mis debes mis haberes,
obviedades, menesteres,
cosas que les dejaré

Esperanza   *Wenceslao García Zapatero*

La otra

Yo me casé por la iglesia,
me casé como Dios manda,
con un ramito de azahar
puesto sobre la solapa

Ella, vestida de blanco,
pureza certificada,
más ella, torció el camino
de la noche a la mañana

Y a nadie, a nadie le deseo
ese tormento en el alma,
la vida entre ceja y ceja
como un cuchillo clavado

Viendo irse de las manos
algo que se nos escapa,
más nunca, nunca,
le hice un reproche
ni le dije una palabra

Pero yo lo presentía
y el corazón, nunca engaña,
más un día, si, un día,
encontré a la otra,

Si, la otra,
esa palabra que,
sin tener filo hiere
y sin ser cuchillo mata

Es la que sufre conmigo
y la que seca mis lágrimas,
y se funde en mi agonia igual
que un loro en la praga

Esperanza　　　　　　　*Wenceslao García Zapatero*

Y aunque no sea mi señora
ni le han tocado campanas
ni le han prendido azahares,
a ella no le hacen falta

Porque es tan pura y sencilla
como una fecha grabada
ella, la otra me quiere
como Dios manda...

Esperanza   *Wenceslao García Zapatero*

Ay si hubiéramos tenido un hijo!

Te acuerdas aquella tarde
bajo el verde de los pinos
que me dijiste que gloria
cuando tengamos un hijo

Y temblaba tu cintura
como un palomo cautivo
y nueve lunas de sombras
brillaban en tu delirio

Tu entre sueños cantabas
nanas de sierra y tomillo
e ibas lavando pañales
por las orillas del río

Yo arquitecto de ilusiones
sostenía el equilibrio
de una torre de esperanzas
con un balcón de suspiros

Hubiera podido ser
hermoso como un jacinto
con tus ojos y tu boca
y tu piel color de trigo

Pero con un corazón grande
y loquito como el mío
hubiera podido ir
las tardes de los domingos
de mi mano y de la tuya
con su traje de marino
luciendo un ancla en el brazo
y en la gorra un nombre antiguo

Esperanza   *Wenceslao García Zapatero*

Hubiera salido a ti
en lo dulce y en lo vivo
en lo abierto de la risa
y en lo claro del instinto

Y a mi tal vez que saliese
en lo triste y lo litrito
y en esa torpe manera
de verlo todo distinto

Ay! que cuarto con juguetes
amor, hubiera tenido
tres caballos, dos espadas
y un carro verde de pino

Un tren con siete estaciones
un barco, un pájaro, un nido
y cien soldados de plomo
de plata y oro vestidos

En tu cómoda de cedro
nuestro ajuar se quedó frío
entre azucena y manzanos
entre romero y membrillos

Que pálidos los encajes
que sin olor los pañuelos
y que sin sangre el cariño
tú te has casado con otro
Yo con otra he hecho lo mismo
juramentos y palabras
están secos y marchitos
en un antiguo almanaque
sin sábado ni domingos

Esperanza   *Wenceslao García Zapatero*

Ahora bajas al paseo
rodeada de muchos hijos
dando el brazo a la levita
que se pone tu marido

Nos saludamos de lejos
como dos desconocidos
tu marido baja y sube
la chistera, y yo me inclino

Pero yo no me hago el cargo
de que hemos envejecido
porque te sigo queriendo
igual o más que al principio

Y te veo como entonces
como criatura de lirio
y aquella voz que decía
cuando tengamos un hijo

Y en esas tardes de lluvia
cuando mueves los bolillos
y yo paso por la calle
con mi pena y con mi libro

Dices con miedo entre sombras
amparada en el visillo
ay! si yo con ese hombre
hubiera tenido un hijo
hoy sería tan feliz
y todo sería distinto...

Esperanza   *Wenceslao García Zapatero*

El poema del padre

Oye negra, ¿te puedo hablar?
ya los chicos se han dormido
así que deja el tejido,
porque después te equivocas

Hoy te quiero preguntar,
por que motivo las madres
amenazan a sus hijos
con ese estribillo fijo de
"ay cuando venga tu padre!"

Y con tu padre de aquí,
y con tu padre de allá
resulta de que al final,
al verme llegar a mi,
lo ven entrar a Caín
y escapan por todos lados

Y yo que vengo cansado
de trabajar todo el día,
recibo de bienvenida
una lista de acusados,

Tú empiezas con tus quejas
y yo tengo que enojarme,
igual que hacía mi padre
al escuchar a mi vieja

Entraba a fruncir la ceja
apoyando a ese fiscal
que en medio del temporal
se erigía en defensora,
lo mismo que haces ahora
que siempre me dejas mal

Esperanza   *Wenceslao García Zapatero*

Si los perdono,
"que ejemplo
¿es así como los educas?"
si los castigo
"eres bruto,
no tienes sentimientos"

A mi, a mi que llegué contento
y no tuve más remedio
que poner cara de serio
y escuchar tu letanía,
a mi, que me paso el día
pensando en jugar con ellos

Yo sueño en llegar a casa
y olvidarme del trabajo,
de la gente, de problemas
y de todo lo que pasa

Los hijos son la esperanza
y el por que de nuestras vidas,
por eso nunca les digas
"¡ah! cuando venga tu padre",
no quiero encontrar culpables

Quiero encontrar alegría,
que no me pongas de escudo
como lo hacía mi madre,
que consiguió que a mi padre
lo imaginara un verdugo,
él llegaba y te aseguro
que se acababan las risas

Y en lugar de una caricia
ó hablarle como a un amigo,
lo miraba compungido,
presintiendo una paliza,

Esperanza   *Wenceslao García Zapatero*

Y el pobre, que me entendía,
sacudiendo la cabeza
escuchaba con tristeza
lo que mi madre decía
lo que él, de sobra sabía

"¡Que con éste no se puede,
que me pinta las paredes,
que trajo las suelas rotas,
que la calle, la pelota,
que me saca canas verdes!"

A la cama sin cenar,
aburrido me ordenaba,
mi madre me consolaba
y yo lo culpaba a él,

A él que había llegado
cansado de trabajar
y yo ya lo había amargado
con todas mis travesuras

Los hijos nunca analizan
el sentimiento del padre,
porque el brillo de la madre
es tan fuerte, que lo eclipsa

Solo le hacemos justicia
cuando nos toca vivir
a nosotros su problema,
¡ ay si mi padre viviera !

Que recién lo comprendí
y por que nunca me dijo
lo mucho que me quería,
si hoy yo se cuanto sufría
al ver enfermo a su hijo

Esperanza   *Wenceslao García Zapatero*

Porque me miraba fijo
el primer pantalón largo
y sé que hasta me besaba
cuando yo estaba dormido
hoy que todo lo entiendo,
¿por qué no estás a mi lado?

¿Por qué no estás ahora
para besarte bien fuerte
viejo lindo?
y ofrecerte mi cariño
a todas horas del día

Ves a tu hijo que llora,
pero llora con razón,
porque te pide perdón
pensando en aquellos días
en que ciego no veía
que eras puro corazón

Déjame negra que llore,
es tan lindo desahogarse
en fin, veamos que hacen
nuestros futuros señores

Mira esos pantalones,
tápale un poco a la nena
si, ya sé, no me lo digas,
hoy se fue a la calle sola
acuéstate rezongona,
mañana, será otro día.

Esperanza   *Wenceslao García Zapatero*

Cuánta razón tenías papá

Cuánta razon tenías papá,
cuando me dijiste que a mi edad
aún no estaba preparado
para controlar mi vida

Que era yo muy joven,
que esperara un poco más de tiempo
y luego tú mismo
me ayudarías a independizarme

Y, sin embargo…
preferí no escucharte
te dejé con la palabra en la boca,
y me fuí de la casa

Según yo, a comerme
al mundo a rebanadas.
repetiste una y otra vez
que tú y mi mamá
sólo querían lo mejor para mí

Y que tus regaños
no eran por desamor…
trataste de explicarme
que la comprensión
no significaba
darme siempre la razón

Y a pesar de ello,
en muchas ocasiones
preferiste ceder, y callar;
con esa actitud
tan conciliadora que adoptabas

Con tal que yo no cumpliera

Esperanza   *Wenceslao García Zapatero*

mis constantes amenazas,
mientras yo los acusaba
de ser los peores padres

Cuánta razon tenias papá,
cuando te acercaste a mí,
y me suplicaste que viviera
conforme a mi edad

Porque la juventud
es como un suspiro del alma,
y cuando nos damos cuenta
los años nos llevan ventaja

Me suplicaste que
no abandonara la escuela
porque de ello dependeria
gran parte de mi vida
en el futuro
"no cometas el mismo error
que yo, hijo"

Me dijiste en aquella ocasión,
y sin embargo
mi respuesta fue tanjante:
"tù que sabes de eso?
lo que pasa es que tú ya estás viejo…

No sé como no te cansas
de estarme dando sermones"…
fué por eso que,
solo llegué hasta la secundaria…

Recuerdo que mi madre
me sentó cariñosamente
en sus piernas,
y me habló de las mujeres

Me explicó que

Esperanza   *Wenceslao García Zapatero*

una relacion de pareja
va más allá de
la atracción física,
y la pasión

Platicó cómo se conocieron
y la manera en que
se ama a los hijos,
del respeto por la esposa,
y el cariño con el que
se le debe tratar

Y ya ves, papá,
apenas cumplí
la mayoria de la edad
y me tuve que casar,
por esa falta
de responsabilidad…

Cuánta razón tenías papá,
que antes de
marcharme de la casa,
intentaste detenerme

Con lágrimas en los ojos
me aclaraste:
"algún día tú tambien serás papá,
y me vas a entender, hijo"

Y en pago a eso
te miré fijamente a los ojos
y te dije:
"yo sí seré un buen padre…

"A mis hijos,
no los voy a estar

Esperanza   *Wenceslao García Zapatero*

fastidiando tanto,
dejaré que sean
lo que ellos quieran,
y que sean felices"

Y en un tono más soberbio repetí:
"yo voy a ser mejor que ustedes"
me aconsejaste que,
pasara lo que pasara

Viviera como viviera,
nunca me humillara
ante los demás,
porque la dignidad no se vende,
no se pierde

Y hasta la libertad tiene sus límites,
y apenas me sentí libre,
aproveché para emborracharme
con mis amigos hasta desfallecer

Y desperté tirado en una calle,
sucio, maloliente;
me atreví a pedir limosna
y ante la desesperacion
se me hizo fácil robar

Aunque me advertiste
que el enemigo no estaba en la casa,
si no en las calles,
disfrazado de falsos amigos,
absurdos placeres
y dinero manchado…

Cuánta razón tenías papá,
cuando me adelantaste

Esperanza   *Wenceslao García Zapatero*

que si abandonaba el hogar,
mi madre moriría
de pena y tristeza

Y yo qué hice?…
pués me burlé de tí,
te aclaré que si eso sucedía
sería por tu culpa,
por la vida tan estricta
que nos dabas

Por tus exigencias
y por tu concepto de la disciplina
y la responsabilidad
porque cuando llegabas a la casa
hacias llorar a mi madre
con tus ridículos obsequios

Cuánto tiempo me tardé
en comprender
que esas lágrimas,
eran de alegría,
y no de dolor ó tristeza…

Un día, me tomaste entre tus brazos
y me dijiste muy quedito al oído
esas cosas que aún guardo
en mi corazón:
"ojalá nunca crecieras, hijo mío"

Ojalá siempre
fueras mi pequeñito
y yo siguiera
siemdo tu héroe
para toda la vida

Esperanza   *Wenceslao García Zapatero*

"Imaginaré, que siempre
tendrás seis años",
pero ya ves, papá,
hoy me arrepiento
de todas esas palabras contra tí

De mis actos
que tanto te dañaron,
de tantas noches
que te tuve a tí
y a mi mamá en vela
por no llegar de la fiesta

De las mentiras malarmadas
que inventaba con tal
de no escuchar tus sabios consejos
de recordar cómo te humillaste
varias veces frente a mí

Con tal de que yo tuviera
esa falsa razón;
de pisotear tu dignidad
con mis gritos y reclamos

Y cientos y cientos
de reproches
en contra de
ese cariño incondicional…

Mírame ahora, papá,
sentado en una sala de hospital,
lleno de angustia,
esperando noticias
sobre la salud de mi hijo

Esperanza   *Wenceslao García Zapatero*

Ese al que yo iba a educar…
mejor que tú a mi,
sí… también él se sintió grande,
a pesar de mis consejos
decidió no escucharme
y hacer su propia vida
como lo hice yo

Le pido a Dios que me ayude,
y a tí, mi gran héroe de siempre,
que ojalá me hayas perdonado
me costó mucho tiempo,
dolor, y sufrimiento

Pero despues de tantos años,
logré entender que
por fin te amé, papá,
más de lo que yo creía
Cuanta razón tenías, papá!

Esperanza   *Wenceslao García Zapatero*

El niño ó ella

Yo ya andaba levantao
de madrugada,
salgo a prender mi pucho
en el Lucero,
mientras termina
de encerrar la noche
una ronda de gallos ferrugientos...

Tapao por la ceniza del rocío,
arde en el horizonte el trasfoguero...
hay un pirincho que madruga mucho
pa' hacer buches de luz en ese alero
y cuando lo salpica a mi espinillo,
tiene que ver lo que se ríe el ceibo!

Allá sale al galope aquella sierra
va remontando el sol...
cimbra el sobeo
en un temblar de pajaritos gauchos,
con los picos recién pintaos de nuevo
y en los juncales del arroyo de oro,
pone a secar sus medias el boyero...

Yo era mozo y con novia,
me faltaría un mes pa'l casamiento
sobre el amanecer de mi relato,
ha pasao poco olvido y mucho tiempo

Cebé un amargo y ya sentí en la puerta,
como el balar de un corderito enfermo
abro y me topo con un niño e meses
arrepollao en un reboso viejo.
y el inocente, pa' que yo le abriera,
usaba sus sollozos de cencerro.

Esperanza   *Wenceslao García Zapatero*

Dios sabe que miseria me tendía,
como una mano, a ese mamón ajeno
lo alcé como quien alza un crucifijo:
temblando por dentro

Lo besé en la mollera, que tenía
una pelusa de patito negro,
y él dejó de llorar; se fué secando
con el calor emplumao de mi pecho

El sol se le arrimó como a olfatiarlo
el horno abrió tamaña boca al verlo.
pa' que el niño riyera, mi lobuno
hizo de la coscoja un sonajero...

Entonces yo, tocao, les dije a todos:
-"Aquí se los presento,
va'a ser un hijo mío, un hijo gaucho,
una semilla que llegó en el viento.
bendita sea la noche que lo puso,
desnudito de amor, bajo mi alero!

Y ya le dejé el nene a una vecina.
le cerré pinchos al lobuno viejo,
hice sonar la lonja de la senda,
estaquiada con cardos en el suelo,
y lo rayé en el patio de mi novia...

Y ella, la moza que *entuavía* quiero,
la que siempre me puso unto de luna
sobre las quemaduras del cabresto,
la que se hacía cruz en la tranquera
y pájaro de adios en el pañuelo...

Esperanza   *Wenceslao García Zapatero*

No tuvo corazón pa' un niño gaucho,
le negó l'agua del socorro y techo;
porque iban a decir cuatro vecinas
que ese gurí era nuestro,
que ella lo tuvo sin permiso'el pago,
antes del casamiento...

Me pidió que lo diese!
no era un cuzco;
era un botón con una rosa adentro!
Dios no lo puso a ese pichón de tordo
en el nido de un cuervo;
sino en el rancho querendón de un criollo,
que se santigua con los cuatro vientos

Y yo no estoy pa' que me tiemble el pucho
cuando lo *viá* encender en el Lucero!

Me dió a elegir: "o el inocente o ella".
me apuntó los ojazos contra el pecho.
yo estaba enamorao hasta las raíces;
ya agarrando de la oreja el casamiento!

Ella me pudo dar un hijo propio
y el otro era un pedazo e carne ajeno!
y no aflojé:
- Con el gurí le dije -
desnudito de amor,
con el niño me que

Esperanza   *Wenceslao García Zapatero*

El mal nacido

Así que piensa irse de la casa?
'ta bien
Y pa'onde vá, que no ha dicho?
Pal Sur? ¡Ajá! ¡No agache la cabeza
que eso es de muy flojazo, pués amigo!

No me ha caido tan mal, por el contrario,
no he pensado en negarle mi permiso,
el cristiano no es árbol pa'morirse
siempre haciéndole sombra al mesmo sitio

Como padre, entiendo que quince años
son pocos, pa' enfrentársele al destino,
los años son igual que las estrellas,
cuantos más son, más claro es el camino

Pero como hombre, entiendo que los hombres
no se hacen por los años que han vivido,
yo m'hice a eso'e los diez, en una estancia
onde se me apodaba "el mal nacido"

Por no saber decir quién era "tata"
ni quién era mi "mama" ¡suerte d'hijo!
ya vé, al revés de usté... me abandonaron,
en cambio usté abandona... es muy destinto!

Lleva plata?... Muy poca... ¿Cono cuánto?
quinientos pesos!... Ajá!... Es poco, amigo!
no olvide que el estómago no entiende
que hay que llegar al sur pa'hacerse rico,
Tome unos pesos más, que le harán falta
pa'que al menos se aguante en el camino!
va' ir vestido así? bombachas blancas,
blusa y pañuelo 'e seda... no, mocito!

Esperanza   *Wenceslao García Zapatero*

Así 'ta bien pa' un baile, onde las chinas
admiran al paisano bien vestido,
pero usté va'salir ha'hallar trabajo
y si no me equivoco, es muy distinto...

Póngasé las bombachas batarasas
y ni muestre esas pilchas de hombre rico,
que cuando un pobre va' pedir conchabo
la pobreza habla d'él por los surcidos!

De hoy en más, aguantesé el orgullo
y antes de ser rival, hágase amigo!
que aunque yo soy tan peón como el boyero,
no todos los patrones son lo mismo

... Si es que tarda en volver deme palabra
que ha de hallar voluntá para escrebirnos!
no lo digo por mí, los hombres somos
más juertes pa'aguantar un sacrificio

...Lo digo por su vieja... ¡siempre piense
que el amor hacia usté no admite olvidos!
sabe ella que se vá?... ¡Ah... no le ha dicho!
mejor entonces que no sepa nada!

Yo voa'ver si le invento algún motivo,
porque ella no va'creer que usté nos deja
por el gusto nomás de andar caminos...
miéntale usté también cuando le escriba!

Aunque me duela que le mienta el hijo,
pero Dios sabe bien, no le parece?
lo que puede pasar si no mentimos!
no lo entretengo más, vaya y ensille
y no lo martirise al doradillo

Esperanza   *Wenceslao García Zapatero*

Si vé que se le dá por darse güelta
pa'mirar la querencia... piense, m'hijo,
que el animal entiende lo bastante
como pa'no olvidar onde ha vivido!

Si vuelve alguna vez, éste es su rancho,
aunque al dentrar en él lo halle vacío,
los años pasan pronto pa'los viejos
después que se ha luchao y se ha sufrido

Vaya y bese a su máma!... y no se olvide
que tiene que mentirle algún motivo
no se vaya a pisar... así no piensa
que pa'usté hay algo más que su cariño

Mienta nomás, sin asco... que Dios sabe
lo que puede pasar si no mentimos!
Eh! onde va?... su mama'ta en la pieza!
pero por qué desata el doradillo?
Qué bicho le ha picao? Está llorando?
pucha con el hombre éste!...
ahora me dice
que me olvide de todo lo que ha dicho...

Qué no es hombre?...
Mentira!...
sí que es hombre!
si se hubiera marchado no hubiera sido
ahora somos dos machos en la casa
aunque los dos lloremos como chicos

Esperanza   *Wenceslao García Zapatero*

La Agonía del bardo

Qué duro, qué amargo recuerdo
quedome de aquella desgracia...
si a solas en ella medito,
aún suelen saltarme las lágrimas!

Dejé mi chambergo en la percha;
crucé sigiloso la sala;
hallando la casa en silencio,
me dio una corazonada...

Alzando la verde cortina,
miré receloso a la estancia
en donde tranquilo, sonriente,
mi amigo el poeta, expiraba

Qué cuadro! la mesa de noche,
en donde hacía guiños la lámpara,
cubierta de drogas acerbas
que no le sirvieron de nada

Con heces de medicamentos,
pocillos, goteros, cucharas,
cucharas que vi que aún tenían
la huella del labio marcada
de un labio tedioso, pasivo,
que el líquido aquel desdeñara

De un labio que, ya medio muerto,
sintiendo las drogas amargas,
por ser obediente, sorbía,
por falta de fe, no apretaba

Dejando su hastío en las heces
de aquellas vasijas untadas.
la pobre mujer de mi amigo,
al lado del lecho, lloraba

Esperanza   *Wenceslao García Zapatero*

Los niños también allí junto,
haciendo la escena más agria:
la niña, de tres primaveras,
absorta a los pies de la cama,
asiendo a la madre el vestido
y viéndola fijo a la cara

Y el niño más pequeñuelo, divino,
e irónico ser que no andaba,
cruzando la alfombra, sonriendo,
y echando carreras a gatas!

Yo estaba perplejo en la puerta
de aquella tristísima estancia;
no pude, no pude moverme,
aquello partíame el alma!

De pronto la faz del enfermo
se puso ojerosa y opaca,
la pobre mujer lanzó un grito:
hijitos, papá se nos marcha!...

Y nada los niños dijeron,
decir qué podrían sus ansias
si aún la mayor no entendía
y aún el pequeño no hablaba

Más, viendo los dos al enfermo,
en sus inocentes miradas,
qué bien comprendí qué decían
ingenuos: papá... no te vayas!

Yo quise auxiliarlos entonces
mas vi que mi amigo, con calma,
después de moverse, esforzado,
y como si reaccionara,
tomando la mano a la esposa,
le dijo a intervalos:

Esperanza   *Wenceslao García Zapatero*

Amada, la muerte se acerca... no temas,
no llores, enjuga tus lágrimas,
la muerte de ti tuvo celos,
y viene a pedir que compartas

Con ella mi ser, que era tuyo,
mis penas, mis dichas, mis ansias.
la muerte también es mujer:
no riñas con ella, me ama

Verdad que se lleva mi cuerpo
más queda contigo mi alma,
la muerte va a ser... mi querida,
mas tú sigues siendo la casta

Señora que manda en mi espíritu,
de todo mi amor soberana.
yo siento dejarte tan bella,
y siento dejarte enlutada

Y siento dejarte a los hombres
vulgares expuesta mañana,
que van a prender en tu veste
de luto, pasando sus garras...

Vampiros de espíritus tristes,
vampiros de carne enlutada!
ah... son las viudas hermosas
manjar con que muchos se sacian

No sé cómo así la engullen,
no sé... cuando saben a lágrimas...
cuán vas a extrañar mis caricias;
mis rimas, cuán vas a extrañarlas

Esperanza   *Wenceslao García Zapatero*

Y cuando por mi te pregunten
los niños pasado mañana
oh angustia! qué vas a decirles,
qué vas a decirles, cuitada!

Los niños!... acércalos llámalos,
que quiero llevarme grabadas,
a flor de mis frías pupilas
tu cara amorosa y sus caras

Serán en mi tumba dos dijes
mis ojos cerrados, amada!
la pobre mujer aún tenía
oyéndolo hablar, esperanza

Mas viendo ponerse por grados
aquellas mejillas más pálidas,
y viendo que aquellas pupilas
tornábanse tristes y vagas

Alzando los ojos al cielo
en son de reproche y plegaria,
Dios mío!...-clamó por qué injusto
te llevas el pan de esta casa?

Y el cielo, por toda respuesta,
al bardo inspiró que gritara,
con voz de una angustia infinita,
con voz que los huesos helaba

Qué abismo... me hundo... me hundo,
tus brazos... tus brazos... amada!
tomolo aquel ángel en brazos;
logró también él abrazarla

Esperanza   *Wenceslao García Zapatero*

Vibraron los nervios de bronce
del lecho vibró el que expiraba:
tomó ella en un beso el aliento
postrero que el bardo exhalara

Quedáronse así un instante
la muerte y la vida enlazadas...
y entonces creí que se oía,
moviendo la oscura ventana

Y como rozando los vidrios,
un suave ruido de alas,
tal cual si pasase por ellos,
en vuelo magnífico, un alma...

Oh, cuando yo quise prestarle
socorro a la esposa, se hallaba
opresa en los brazos del muerto,
tal cual si quisiera llevársela

Qué esfuerzo inaudito hice entonces
y cómo he podido arrancarla
al fin de los rígidos brazos
llorosa sin fuerzas y flácida

Y cuando después de mi esfuerzo
volví hacia el muerto la cara,
lo vi con los brazos en círculo,
cual si me pidiese abrazarla

Y como diciéndome, mudo,
con una sonrisa macabra
si es mía... por qué te la llevas...?
si es mía por qué me la arrancas...!

La noche llegó a los cristales
muy negra, muy triste, enlutada,
y como una madre amorosa,
fue ella quien trajo a la cámara

Esperanza   *Wenceslao García Zapatero*

El cirio más grande la luna
un cirio de luces muy blancas.
en tanto, lloraban los niños;
los perros, en torno, aullaban

La triste mujer, en mis brazos,
lanzaba suspiros con ansias;
el muerto, los brazos en círculo,
sonriendo, la esposa esperaba...

Señor! Por qué el muerto reía
en tanto los vivos lloraban?
qué duro, qué amargo recuerdo
quedome de aquella desgracia
si a solas en ella medito,
aún suelen saltarme las lágrimas!

Esperanza   *Wenceslao García Zapatero*

Que Dios te perdone hermano!

Ya sabrás porque te llamo, ...
pero tenemos que hablar
porque yo, no aguanto más...
y aparte vos sos mi hermano

No hay que lavarse las manos,
ni habrá que esquivarle al bulto
sabés cual es el asunto, ...
ya lo habíamos hablado.

Yo también estoy cansado
de renegar todo el día
está echo una porquería,
siempre anda mal humorado

Pasa las horas sentado,
cerquita de la tranquera
y los que vienen de afuera
dirán que está castigado.

Es papá, que está cargoso
y dice que lo trato mal
hay que verlo rezongar,
por cualquier cosa se enoja

Rumbea pal sembrao de soja,
y allá se pone a llorar
y si lo querés llamar,
se hace el sordo y no contesta

Te va arrugando la jeta
y es capaz de pasar horas
que el viejo no te da bola,
y así, ... y así no se puede más.

Esperanza   *Wenceslao García Zapatero*

Ahora me quiere ayudar
a levantar la cosecha
le pedí que no se meta,
porque al final...ya me estorba

Se queda al lao de las tolvas
y me mira medio raro
después revisa el ganado,
me lava las pezoneras
me vació un curabicheras
en un potro lastimado.

Y es por dejárselo a mano...
ahora ya se lo escondí
siempre anda por allí
caminando todo el día

Cuando llega el mediodía,
eso sí, es el primero en la mesa
y mí mujer la Teresa...
ya no lo quiere ni ver

Porque se pone a joder,
que quiere pintar la pieza
ayudar con la limpieza,
tener la casa ordenada

Porque verla así arruinada,
le causa mucha tristeza.
yo no sé a que se levanta
a las tres de la mañana

Como si fuera un fantasma,
se me aparece en el tambo
y yo lo saco cagando,
porque me empieza a estorbar

Esperanza   *Wenceslao García Zapatero*

Se me gana en el corral
y me acomoda los tachos
me malcría a los muchachos...
se me pone a conversar
y se empiezan a atrasar...
la verdad...¡ya no lo aguanto!

A veces me cansa tanto
que no deje de joder
no tiene nada que hacer,
se piensa que es un muchacho
Quiere montar a caballo
y recorrer las agüadas
se pone a arreglar pavadas...
fuma ... fuma que es un animal

Ayer se puso a trenzar
un lazo para mi hijo
y no sé lo que le dijo...
que yo lo quería echar.

Yo ya lo estuve pensando
y es así como te digo
lo llevamos a un asilo...
que él allí estará mejor

Lo pagamos entre los dos,
nos ahorramos un problema
sabés de que hay enfermeras
que bien lo saben cuidar

Si mucho no va a aguantar...
ya casi entró en los ochenta
si te gusta la propuesta....
no hay mucho de que pensar...

Esperanza   *Wenceslao García Zapatero*

Esperá... esperá que ahora hablo yo,
perdoname la franqueza
te acordás cuando Teresa
parió en el medio del campo?
fue papá que entre sus brazos
llevó tu mujer pal pueblo

Había que comprarle remedios
y vos no tenías trabajo
vendió sus botas
y el lazo, el único que tenía
me pidió que no te diga,
que el pobre quedó descalzo.

Acordate cuando un día
se apareció en nuestro rancho
reclamando un par de chanchos,
todita la policía

Fue por una picardía,
que vos te habías mandado
el tata fue y se hizo cargo
diciendo, que él había sido

Lo llevaron sometido,
a un duro interrogatorio
se aguantó ese purgatorio,
mientras estuvo detenido.

Y cuando mamá murió,
quien fue el que tomó las riendas
almuerzo, cena y merienda,
casi nunca nos faltó

Esperanza   *Wenceslao García Zapatero*

Nos enseñó educación
y a pesar de su ignorancia
a la escuela... con tardanza...
pero siempre nos mandó
Un día le dije yo
de grande seré abogado
me apretó fuerte las manos
y en la frente me besó.

Y que susto se pegó,
cuando enfermo vos caíste
no recuerdo... que comiste,
que te hizo vomitar

No había con que pagar
a un doctor que te asistiera
te cargó en su jardinera
y pal poblado rumbeó

Y allá las puertas pateó
de una vieja curandera
pa' que pronto te atendiera,
no sé con que le pagó.

Toda la noche pasó
sentao al lao de tu cama
pa' que la fiebre bajara,
a los santos suplicó

De rodillas se quedó
y con unos trapos viejos
mojado sobre tu pecho...
el viejo te acomodó

Y le pidió al Tata Dios,
que si algo te pasaba
por vos, su vida cambiaba,
que le cumpliera el favor

Esperanza   *Wenceslao García Zapatero*

Te acordás cuando eras chico
y te regaló el tobiano
no era para vos hermano,
ese era para mí

Pero lo ví tan feliz,
cuando lo montaste en pelo
que te ofreció hasta su apero,
para verte sonreír

Lo que yo nunca entendí,
porque a mí me dio un abrazo
diciéndome... mi muchacho,
que bueno que seas así

Y hoy yo te escucho decir,
de que el viejo es un inútil
él solo quiere ser útil,
y no vivir de favor

Si al final de la cuestión,
todo el campo es de papá
y si él quiere trabajar,
está en todo su derecho
No porque el hombre esté viejo,
ha de ser que está demás
dejalo que ande nomás...
que es un criollo bien hecho

No sé si esto es lo mejor,
y volviendo a nuestro tema
que si papá es el problema,
dejá... me lo llevo yo

En casa estará mejor,
es lo que él anda buscando
su nieto lo está esperando,
pa' robarle su calor

Esperanza   *Wenceslao García Zapatero*

Quiero darle tanto amor,
como él nos lo dio a nosotros
yo no lo cambio por otro...
la puta que los parió

No sé si allá en la ciudad,
él se ha de sentir a gusto
pa que no tenga un disgusto,
se lo voy a preguntar

Y si tengo que cambiar,
mi casa en el poblado
y venirme pa estos lados,
pa que el tata sea feliz

Si viéndolo sonreír
yo ya me doy por pagado
te juro, querido hermano,
por él: ha de ser así!

Que es un anciano decís,
querés llevarlo a un asilo
escuchá lo que te digo,
si es que tenés corazón

Llegate hasta el corralón,
allá está el viejo sentado
no digas nada... abrazalo...
pedile sus bendiciones

Y ya andá entrando en razones,
antes de romper los lazos
que papá...
que papá muere en mis brazos
y a vos...que Dios te

Esperanza   *Wenceslao García Zapatero*

Porqué me quité el vicio

No es por hacerles desaire
es que ya no soy del vicio…
ustedes me lo perdonen,
pero es que hace más de cinco
años que no tomo copas

Aunque ande con los amigos…
¿Qué si no me cuadra?…¡Harto!
pa' que he de hacerme el santito:
he sido reteborracho
como pocos lo hallan sido

Pero ahora si ya no tomo,
aunque me lleven los pingos
desde antes que me casara
yo comencé con el vicio

Y a luego, ya de casado
también le tupí macizo…
pobrecita de mi vieja
tan buena siempre conmigo…

¡Por más que l´hice sufrir
nunca me perdió el cariño
era una santa la pobre,
y yo con ella un mezquino

Nomás porque no sufriera
llegué a quitarme del vicio,
pero, poco duró el gusto,
la de malas se nos vino

Una noche de repente,
quedó com'un pajarito.

Esperanza   *Wenceslao García Zapatero*

dicen que fue el corazón…
yo no sé lo que halla sido
Pero siento en la concencia
que fue mi vicio cochino
el que hizo que nos dejara
solitos a mí y a m´hijo

Un chilpayate de ocho años
que quedaba huerfanito
a la edad en que hace más falta
la madre con su cariño

Me sentí desesperado
de verme solo con m' hijo…
pobrecita criaturita
mal cuidado…mal vestido

Siempre solo…recordando
al ángel que había perdido
entonces pa´no pensar
volví a darle fuerte al vicio

Porque poniéndome chuco,
me jalaba más tranquilo,
y cuando ya estaba ebrio
y casi fuera de juicio,
parece que mi difunta
estaba allí, ¡junto conmigo

Al salir de mi trabajo
m´iba yo con los amigos,
y, a luego, ya a medios chiles,
mercaba yo harto refino
y regresaba a mi casa
donde mi aguardaba m´hijo

Esperanza   *Wenceslao García Zapatero*

Y allí, duro, trago y trago,
hasta ponerme bien pítimo…
y ahi estaba la tarugada!
ya desde antes les he dicho

Lueguito veía a mi vieja
que llegaba a hablar conmigo
y comenzaba a decirme
cosas de mucho cariño

Y yo, a contestar con ella,
como si fuera de al tiro
cierto que la estaba viendo,
en tan mientras que m'hijo
se abrazaba a mi asustado
diciéndome el pobre niño

Donde está mi mamacita?
dime donde está, papacito…
es verdad que te está hablando?
Cómo yo no la diviso…?

Pues qué no la ve, tarugo,
vaya a que le haga cariño
y el pobrecito lloraba
y pelaba sus ojitos

Buscando rete asustado
a aquella a quien tanto quiso
una noche, al regresar
de estarle dando al oficio,
llego y, al abrir la puerta
ay Jesús, lo que diviso!

Hecho bola sobre el suelo,
estaba tirado mi niño,
risa y risa com un loco,
y pegando chicos gritos

Esperanza   *Wenceslao García Zapatero*

Qué te pasa?…Qué sucede…?
Te has vuelto loco de al tiro…?
pero entonces, en la mesa,
yo vi el frasco del refino
El que había dejado lleno,
enteramente vacío.
luego luego me di cuenta
y me puse rete muino

Que has hecho, escuincle malvado?
ya te bebiste el refino?
pa'que aprendas a ser bueno,
voy a romperte el hocico…

Y luego con harto susto
que l´hizo volver al juicio,
y con una voz de angustia
que no he de olvidar, me dijo

No me pegues…no me pegues!
no soy malo, papacito.
fue pa' ver a mi mamita
como cuando habla contigo

Fue pa' quella me besara
y me hiciera hartos cariños
desde entonces ya no tomo
aunque ande con los amigos…

No es por hacerles desaire,
pero ya no soy del vicio…
y cuando quiero rajarme
porque siento el gusanito,
de tomarme alguna copa,
nomás me acuerdo de m'hijo
y entonces si ya no tomo
aunque me lleven los pingos…

Esperanza   *Wenceslao García Zapatero*

Te digo adios

Te digo adiós
si acaso te quiero todavía;
te digo adiós
el más hermoso sueño
de mi vida

Quizás no he de olvidarte
quizás, no te queria
o talvez nos quisimos
demasiado los dos

Este cariño triste
apasionado y loco
me lo sembré en el alma
para quererte a ti

No sé si te amé mucho,
no sé si te amé poco
pero sí sé que nunca
volveré a amar así.

Me llevo tu sonrisa
dormida en mis recuerdos
y el corazón me dice
que no te olvidaré

Pero al sentirme solo
sabiendo que te pierdo
talvez, empiezo a amarte
como jamás te amé

Te digo adiós y acaso
con esta despedida
mi más hermoso sueño
muere dentro de mi

Esperanza　　　　　　　　　*Wenceslao García Zapatero*

Pero te digo adiós
para toda la vida
aunque toda la vida
siga pensando en ti.

Los irresponsables

De un hogar rico y dichoso
disfrutaban por igual
un marido cariñoso,
un amante venturoso
y una mujer desleal

Ella, de instinto liviano
él, modelo de candor;
el amante era un villano
de esos que nos dan la mano
y nos roban el honor

Lo quiso así la impiedad
por capricho de la suerte
formando esa trinidad
que construye la maldad
y que desata la muerte.

Para el marido engañado
vivió el crimen rodeado
del misterio más profundo.
no dudaba el hombre honrado
cree que lo es todo el mundo.

¿Cómo lo supo?
no tiene valor
un rastro, un indicio…
nube que el rayo contiene,
pasa y cumple con su oficio
sin decir de dónde viene

Esperanza   *Wenceslao García Zapatero*

Con esfuerzo sobrehumano
vencí mi angustia mortal
y fui al encuentro del mal,
acariciando un puñal
entre mi convulsa mano

No quería que el fragor
de un tiro mi deshonor
contara en mi desventura
el hierro es arma segura
y calla y mata mejor

Hasta la casa llegué
nadie me veía
entré, una escalera subí,
la puerta en silencio abrí
y en el cuarto penetré

Marchaba con precaución,
con miedo, con turbación,
acobardado, sombrío;
iba a recobrar lo mío
y parecía un ladrón

Con planta torpe e incierta
cruzo una estancia desierta
suena un beso más adentro;
avanzo, empujo la puerta
y mi deshonor encuentro

Poca luz, la que bastaba
para la deshonra mía
aquella luz alumbraba
a una mujer que reía
y a un hombre que la besaba

Esperanza   *Wenceslao García Zapatero*

Verlos, trocarse en locura
mi odio y su furia en espanto
es muy poco lo que dura
en los felices el llanto
y en los tristes la ventura

La mujer lanzó un gemido
el hombre irritado y fiero
se vino a mí, decidido
a salvarla

Aquel bandido
era todo un caballero!
luchamos, a no dudar,
como lo saben hacer
aquel que quiere salvar
la vida de una mujer
y el que la quiere matar

Del miserable duró
poco el insensato anhelo.
mi arma en su pecho se hundió,
y su cadáver rodó
por el alfombrado suelo

Por el cadáver salté,
y, ciego de rabia, fui
a aquel sitio en que la vi
ocultarse, y no la hallé;
la infame no estaba ahí.

No estaba, no, había huido
aprovechando el instante;
es tan vil, que no ha sabido
ni respetar al marido
ni morir con el amante.

Esperanza   *Wenceslao García Zapatero*

Huyó, y al mirar que huía,
vi que en el fango se hundía
la dignidad de mi nombre
sin ella, de qué servía
el cadáver de aquel hombre?

De nada, porque al matar
yo pretendía librar
mi honor en su infame huella
y mi honor se fue con ella
y no lo pude salvar!

Esperanza   *Wenceslao García Zapatero*

Los guapos

En un entrevero de gente,
copas, carteos y risas,
se reflejaba la tarde
sacándole punta al vicio,

Y a un costado del mostrador,
tranquera del frasquerío,
conversaban unos criollos
de guapos de tiempos idos

Ayer hombres,
hoy leyendas
con temblor
de aparecidos

Con permiso,
con permiso los presentes
alguien copó el vocerío,
y pulsando una guitarra
que en los pechos hizo nidos
entró a cantarle a los guapos
que él había conocido

El elogio del trovero,
según él decía,
era guapiarle y pelearle a la policía
llegar a su casa, borracho
y andando de forastero
echarse una hembra al anca

Esperanza   *Wenceslao García Zapatero*

Con religioso entusiasmo
aplaudieron la canción,
pero un mocito allí presente,
les dijo: perdonen, perdonen...
pero yo no creo en el hombre guapo

Yo no creo en el hombre guapo
que alardea de matón;
son guapos porque toman copas
y las salpican con sangre

Son guapos,
porque son ligeros
pa' hacer de un cuerpo una vaina,
pero amargos,
amargos pa'l surco
ó pa' levantarse al alba

Esos son los guapos
yo lo sé por experiencia,
que me perdone mi tata,
que por haber sido él
muy hombre
nuestro rancho
entró en desgracia

Mi madre sí,
mi madre sí que fue una guapa,
mi madre que con entraña de macho
supo guapiar contra el frío
contra el hambre
que a nuestro rancho copaban

Porque tata por muy hombre,
tata por muy gaucho,
dejó seis cachorros machos

Esperanza   *Wenceslao García Zapatero*

Mi mamá luchó guapiando
con facón del arao,
pa' pedirle a la tierra
como bendición cristiana
el pan para sus hijos

Hasta que ellos emplumaran,
Dios, Dios escuchó sus ruegos,
porque no nos faltó nada
pero ella, mi mamá, mi mamá,
se fue achicando

Como candil que se apaga
hoy le llevé unas flores
a mi pobrecita mamá
guapos, dicen...

Mentira!
qué van a ser guapos!
son guapos porque toman copas
y las salpican con sangre
son guapos porque son ligeros
pa' hacer de un cuerpo una vaina

Esos no son guapos,
mi mamá sí,
mi mamá si que fue
una guapa!!

la casada infiel
Esperanza   *Wenceslao García Zapatero*

La casada infiel

Y yo que me la llevé al río
creyendo que era mozuela,
pero tenía marido,
fue la noche de Santiago
y casi por compromiso

Se apagaron los faroles
y se encendieron los grillos
en las últimas esquinas
toqué sus pechos dormidos,
y se me abrieron de pronto
como ramos de jacintos

El almidón de su enagua
me sonaba en el oído,
como una pieza de seda
rasgada por diez cuchillos

Sin luz de plata en sus copas
los árboles han crecido,
y un horizonte de perros
ladra muy lejos del río.

Pasadas las zarzamoras,
los juncos y los espinos,
bajo su mata de pelo
hice un hoyo sobre el lino

Yo me quité la corbata.
ella se quitó el vestido,
yo el cinturón con revólver
ella sus cuatro corpiños.
ni nardos ni caracolas
tienen el cutis tan fino

Ni los cristales con luna
relumbran con ese brillo,
sus muslos se me escapaban
como peces sorprendidos,
la mitad llenos de lumbre,
la mitad llenos de frío

Aquella noche corrí
el mejor de los caminos,
montado en potra de nácar
sin bridas y sin estribos

No quiero decir, por hombre,
las cosas que ella me dijo!
La luz del entendimiento
me hace ser muy comedido

Sucia de besos y arena
yo me la llevé del río.
Con el aire se batían
las espadas de los lirios.

Me porté como quien soy
como un gitano legítimo
le regalé un costurero
grande de raso pajizo,

Yo no quise enamorarme
porque teniendo marido
me dijo que era mozuela
cuando la llevaba al rio

Esperanza   *Wenceslao García Zapatero*

Claveles rojos

De mis cabras guardar,
volví al cortijo
saltando entre peñas
y matojos...

Cuando mi moza
me llamó y me dijo
que del amo de la hacienda
vino el hijo

Y ella quería lucir claveles rojos
al monte volví
como a la guerra,
con valentía,
ceguedad y arrojo

Porque al pasar con mis cabras
y mi perra...
vi allá en lo alto de la sierra
una mata de claveles rojos

Pero al llegar
a lo alto de la sierra
y entre las hojas
de una gran chumbera

Vi a la madre clavelera
que lloraba
por sus hijos
los claveles rojos.
sus hijos le robaron?

Esperanza   *Wenceslao García Zapatero*

Quién sería? al cortijo volví
lleno de hinojos...
triste porque llevar
ya no podía
lo que mi moza
amorosa me pedía

Donde encontrar
claveles rojos?
de pronto me acordé
que allá en la ermita
los mozos del cortijo

De los hinojos
llevaban a la virgen la ciervita
unos ramos de margaritas, rosas,
pensamientos y claveles rojos

Corriendo iba
como un gamo
como un galgo saltando
los rastrojos

En el camino
me encontré a mi amo
quien me llamó y me dijo
zagal vendeme el ramo

Cóomo venderle
los claveles rojos?
me lo perdona el amo
hube de decirle

Fatigado, mal herido y cojo
quedó este pobre
cabrerillo humilde,
para llevarle a su matilde
este ramillete de claveles rojos

Esperanza   *Wenceslao García Zapatero*

Para tu matilde haz dicho?
anda y reposa
que si por ella
te has quedado cojo
vete a curar a tu choza

Porque, óyelo bien!
solo a esa moza,
yo he de llevar
claveles rojos

Pasó por mi
no sé… cosa mala…
el señorito me clavó los ojos
se lanzó hacia mi
como una bala,
y me desalojó el ramo
de claveles rojos

Al cortijo volví,
salté tres bancos
bañados en lágrimas
iban mis ojos

Alli vi una mata
de claveles blancos.
los tomé y me los llevé al campo
para transformarlos
en claveles rojos

De ideas malas
llevaba un enjambre
al ver a mi amo,
una nube cegó mis ojos
mi puñal en su pecho
hundí con hambre
los claveles blancos
empapé en su sangre
y a mi moza le llevé claveles rojos

Esperanza   *Wenceslao García Zapatero*

Revisión de otros autores

Esperanza   *Wenceslao García Zapatero*

German Toledo

Para los que lo conocemos, es un orgullo, porque hablar de Wenceslao Garcia Zapatero, es hablar del declamador nato, el que con su voz, nos recuerda el amor de una madre, o el dolor de un padre, como también las ingratitudes ó virtudes de los hijos.

Wenceslao (Benci) como le decimos sus amigos, en el trayecto de su vida nos ha dejado grandes recuerdos, con su extenso repertorio poético y ahora nos sorprende con su primer poemario.

Esperanza!... "El porqué de mi vida" una obra en la que nos regala el poema de reflexión. "A mi Madre" donde vemos a un hijo que a su madre por siempre ha de recordar, por lo que nunca la dejará de amar y nos lleva por el camino de la niñez, donde uno era el arco iris de colores, que para la madre nunca dejaba de brillar y que al arrullar al hijo sentía las estrellas alcanzar.

Este poemario viene acompañado con acordes de triunfo, porque su contenido los hará vibrar y admirar al poeta en su cantar.

Para mí es un honor conocer por muchos años, la trayectoria de un poeta apasionado, que en cada presentación su corazón nos ha entregado.

Esperanza   *Wenceslao García Zapatero*

Miriam Burbano

El poeta y el declamador encontraron el lugar perfecto donde plasmar el arte y su pasión por los sentimientos familiares e importantes de nuestro diario vivir.

"Esperanza" es la cuna de esos recuerdos y pensamientos escritos.

Al leer este poemario de mi gran amigo y declamador *Wenceslao Gracia Zapatero* me parece escuchar su voz fuerte y rítmica resaltando las líneas del amor del padre a sus hijos o la pasión de aquel amor olvidado.

"Esperanza" tiene un espacio prominente a la tibieza del amor naciente así como también al dolor agudo del desengaño, el olvido y los recuerdos tristeza que no volverán.

Esperanza   *Wenceslao García Zapatero*

Reyna Reyes

Wenceslao García Zapatero es un poeta que va por el mundo con su poesía y no es una poesía fácil de encontrar, como tampoco es fácil encontrar a un ser humano que tenga la bondad y la transparencia de su corazón.

Wenceslao García Zapatero, es un declamador que se complace en impregnar a su audiencia con el arte de su poesía y lo hace como la fresca brisa de primavera lo hace con el rosal, delicadamente pero con la fuerza necesaria para con ella la vida apreciar.

Al escucharlo te puedes sentir caminando por los verdes campos de su amada tierra peruana, y el sonido de las campanas que día a día en su infancia hacían latir su corazón harán ahora latir el tuyo al escuchar en sus versos su infancia pasar, su poesía es capaz de hacer que los corazones se unan, como se unían el y su amada con el primer beso de juventud robado en presencia de una luna plateada; esa es la magia del poeta Wenceslao García Zapatero, ese es el regalo que recibes de su poesía, esa magia que se desliza por el alma como la aurora en el alba.

El poeta Wenceslao Zapatero en su obra literaria, "Esperanza…el porqué de mi vida", se distingue no solo por el toque de esperanza que pone en cada una de sus poesías, si no por ese fuego que con sus versos es capaz de prender en el corazón del que los lee y escucha.

Como poeta él tiene la misión de crear y de ser la voz de aquella alma que enamorada desea encontrar a la que por ella apaciblemente espera.

Al leer su poesía nos podemos dar cuenta de la convicción de ser escrita para ser recibida por alguien que sin saber, dentro ya la lleva, como el sediento lleva la sed, como el amanecer al nuevo día, y como la esperanza que en la mirada un niño a la humanidad entrega.

Por ello y por muchas razones más, es un honor para mí, escribir estas líneas, para este gran poeta, declamador pero sobretodo un gran amigo Wenceslao García Zapatero, y dar así un cálido recibimiento a su poemario "Esperanza… el porqué de mi vida".

Esperanza   *Wenceslao García Zapatero*

Esperanza

Wenceslao García Zapatero

Fin